MÉMOIRE

DESTINÉ

A RÉPONDRE AUX QUESTIONS POSÉES

PAR

M. LE PRÉSIDENT DU COMITÉ DE GARANTIE

Dans la Séance du 29 Novembre.

Examen de ce que mes accusateurs ont donné
comme preuves morales.

Au commencement de 1866, M. Chauchard pouvait
supposer que j'interprétais, comme l'auteur des lettres, la
nature de ses relations avec M. Vimont. Si, à ce premier
élément de soupçon, on ajoute l'erreur où l'on était en
croyant que personne à Rennes ne connaissait le nom du
département où étaient situées les propriétés de M. Chauchard, on comprend comment a pu naître dans leur imagination ce triste et singulier soupçon. Une fois né, ce
soupçon, qu'un instant de réflexion aurait dû détruire,
fausse leur jugement, et ensuite les choses les plus natu-
relles, les plus simples, deviennent, mal interprétées, de
nouvelles causes d'erreur.

Une fois cette idée en germe, on cherche un motif plau-

sible. Si j'ai eu pour madame Chauchard quelques atten-
tions ; si, par suite de la familiarité *qu'autorisaient ses al-
lures*, je me suis permis quelques compliments ou l'une de
ces galanteries sans importance qui, dans certains cas, sont
presque de la politesse, on trouve là la preuve d'une vio-
lente passion. Puis, de cette prétendue passion, on conclut
à la jalousie, à la haine contre M. Vimont ; telle est l'interprétation donnée par mes adversaires... Tel est le roman
ridicule sur lequel on avait bâti de toutes pièces une accusation absurde.

Relativement à l'amour qu'on me prêtait pour madame
Chauchard, je me bornerai à rappeler qu'on ne le prouve
que par des banalités. Ce sentiment n'a jamais existé qu'en
imagination. Si, aux bains de mer, la conversation que
j'eus avec madame Chauchard eût été inconvenante, est-ce
que nos relations auraient continué sur le même pied d'intimité ? Cette conversation, bien naturelle, avait lieu au
mois d'août ; c'est en janvier suivant qu'on songe à s'en
plaindre.

Et, en octobre, madame Chauchard tombe malade ; elle
me demande mes soins. Est-ce que, si je n'avais pas ob-
servé à son égard les plus strictes convenances, elle m'eût
adressé de la campagne cette bonne lettre de remercîments
que je supplie MM. les membres du comité de lire (elle se
trouve au dossier).

Quant à ma haine contre M. Vimont, on voit partout la
preuve du contraire : c'est moi qui l'ai, pour ainsi dire,
introduit dans la maison de madame Chauchard ; je l'invi-
tais, le jour même où paraissaient les premières lettres, à
venir chez moi prendre le thé avec MM. Lefebvre et Camescasse, etc.

On affectait de ne pas comprendre que, n'étant pas l'auteur des lettres, l'idée ait pu venir qu'on me les attribuait, et M. le Préfet voyait, par exemple, dans les paroles que je lui ai dites en revenant de la chasse, le 6 janvier, une grave présomption contre moi !

Mais cette idée, elle ne m'est pas venue spontanément ; c'est votre refroidissement, coïncidant avec la réception des lettres (réception dont je venais d'être informé par M. Lefebvre) ; c'est votre attitude dans la forêt, dans la loge du théâtre, à la représentation de la *Famille Benoîton*, c'est la démarche de madame Vimont mère, qui me font voir et comprendre vos soupçons.

Pour moi, tout cela équivalait à une accusation formulée de vive voix ; la parole n'est pas le seul moyen de transmettre la pensée. La pensée des accusations m'arrivait, non par l'oreille, mais par les yeux ; et il eût fallu être dénué d'intelligence pour ne pas interpréter, comme je l'ai fait, les changements que je remarquais.

Il y a plus : loin d'être une présomption de ma culpabilité, ce que j'ai dit à M. Lefebvre et à M. Camescasse prouve le contraire : *Si j'eusse été l'auteur des lettres, il eût été stupide d'en parler...*

Le plus simple bon sens dictait dans ce cas le silence absolu.

Suivant mes accusateurs, les lettres anonymes prouveraient que leur auteur :

1° Vivait dans l'intimité de la famille Chauchard ;

2° Qu'il était reçu chez M. Lefebvre et chez M. Camescasse.

Le premier point résulterait de ce que les lettres renferment des passages où existent des détails qui ne pouvaient être connus que d'une personne liée intimement avec mes adversaires.

Remarquons d'abord qu'à Rennes, la vie n'est pas murée, que M. et madame Chauchard étaient en évidence, que leur position, leur manière de vivre, attiraient sur eux l'attention du public, et que beaucoup de particularités de leur existence, qu'ils pouvaient croire ignorées, étaient parfaitement connues.

Telle est la connaissance de ce fait que les propriétés de madame Chauchard sont dans l'Allier. On ne peut comprendre qu'ils aient voulu soutenir que, pour le savoir, il fallait vivre dans leur intimité ; il serait oiseux de chercher à prouver le contraire.

Un grand nombre de personnes savaient à Rennes qu'au mois d'octobre, M. et madame Chauchard étaient dans l'Allier et que M. Vimont les accompagnait. Lui-même l'avait dit à plusieurs personnes ; il ne s'en cachait pas.

J'en dirai autant de la mention qu'on fait dans les lettres de la perte d'un enfant, de promenades à cheval, de chasses, enfin du nom de baptême de madame Chauchard (Salazie), qu'on a du reste mal orthographié.

Ce nom de Salazie, M. Chauchard l'employait journellement. On ne tarda pas à reconnaître ce qu'il y avait de ridicule à m'en attribuer la connaissance exclusive.

Quant à l'assertion avancée par mes accusateurs, que l'auteur des lettres était reçu chez M. Lefebvre et chez M. Camescasse, elle est fondée sur certains passages des lettres, qui prouvent peut-être que leur auteur assistait aux soirées officielles, mais qui ne prouvent pas qu'il fût reçu dans l'intimité de ces Messieurs.

Je pourrais citer des passages des lettres, bien autrement explicites sur des faits qui se seraient passés ou à l'église, ou aux différents concerts de la saison, lieux où je n'étais pas, comme il m'était facile de l'établir.

Je disais donc à mes accusateurs : Vous voulez établir la présence de l'auteur des lettres anonymes aux bals du premier Président et de la Préfecture; il y était puisqu'il en parle, dites-vous ! *Soit, mais alors par ce même motif, vous êtes forcés d'admettre aussi sa présence à Saint-Germain, aux trois concerts de la saison ; or, je n'étais ni à l'église, ni à aucun concert.*

Les lettres fourmillent de détails, qui ne pouvaient être connus que d'une personne, vivant intimement chez madame Mansencale, cette dame à qui je n'avais jamais adressé la parole.

Comment ma présence au bal du 17 janvier était toute naturelle, et n'a nul besoin d'être expliquée par le désir de surveiller madame Chauchard et M. E. Vimont.

Un premier point qui frappe le simple bon sens, est celui-ci : Que peut-on avoir à surveiller dans un bal entre un homme et une femme qui se connaissent de longue date, et qui ont toutes les facilités pour se rencontrer et se voir ? Si l'auteur des lettres ignore cette circonstance, on conçoit qu'il ait pu écrire cette phrase de la lettre n° 7 : « Ce soir, chez M. Camescasse, on va surveiller activement. » Mais moi, c'est autre chose ; je n'ignorais pas qu'à toute heure du jour, que M. Chauchard fût présent ou non, M. Vimont était reçu par madame Chauchard ; quel but aurait donc eu cette surveillance de ma part ?

Mais, a-t-on dit, vous deviez être fatigué d'une journée

de chasse? A Moulins, vous avez insisté pour partir ; enfin, il fallait un motif bien puissant pour vous amener au bal.

J'ai déjà répondu en partie à ces interprétations. Je n'étais pas fatigué ; désirant aller au bal, il était tout simple qu'à Moulins notre séjour ne se prolongeât pas trop, et que je rappelasse au Préfet que l'heure de partir était venue.

Quant à justifier ma présence au bal, en quoi suis-je tenu de l'expliquer par un motif extraordinaire ?

J'y suis allé parce que *j'étais invité, parce que ma femme y était, parce que j'avais le désir de jouir du coup d'œil,* parce que je considérais comme un devoir envers les maîtres de la maison d'y faire acte de présence.

Maintenant est-il nécessaire de revenir sur cette absurde explication *de mon séjour dans le vestiaire avec madame Aubry ?*

Quoi ! madame Chauchard est encore dans les salons ; je ne puis savoir si elle va ou non en sortir, et on veut que, pour mieux la surveiller, je sorte de ces salons et aille m'installer dans le vestiaire avec ma femme ; et des hommes sérieux, doués d'intelligence, se sont laissés prendre à une telle absurdité ! Mais enfin, tout cela n'est pas sérieux. Quel rôle jouait donc ma femme dans ce cas ; elle avait donc épousé et ma haine et ma jalousie contre M. Vimont ? Ainsi, je veux surveiller activement, et je ne viens au bal qu'à minuit, puis je sors avant les gens que je dois surveiller !

Réponse à l'accusation fondée sur ces phrases des lettres :

« Merci de votre salut, M. Vimont m'a salué ! »

Pour apprécier cette question, on ne saurait lire trop attentivement les lettres anonymes adressées le 26 janvier, l'une à Vimont, l'autre à madame Chauchard.

En admettant (ce qui n'est pas prouvé) que l'auteur des lettres ait réellement été salué par M. E. Vimont, et que ce salut ait été fait au bal et non ailleurs, comment trouve-t-on dans ces lettres l'indication qu'il s'agisse de l'inclination de tête que j'ai faite à M. E. Vimont, et qu'il m'a rendue ?

Est-ce qu'il y a dans les lettres un *seul mot qui puisse servir à cette interprétation de fantaisie ? Y dit-on dans quel moment, dans quel lieu, M. E. Vimont a salué, et de quelle manière il a salué ?* Non !

M. Vimont a probablement salué plus de *cent personnes* ce soir-là ; il y a plus, M. Vimont ne m'a pas salué, il *m'a rendu un signe de tête.* Voilà tout. Enfin (*et qu'on veuille bien peser cette observation*), on dit dans la lettre anonyme du 26 janvier à madame Chauchard : *M. Vimont m'a salué !*

On semble informer madame Chauchard d'un fait qu'elle ignore, qui s'est passé loin d'elle ; or, quand je suis passé devant M. Vimont, ils étaient assis près l'un de l'autre, et madame Chauchard n'avait pas besoin qu'on lui mentionnât une chose qui n'avait pu lui échapper, à savoir, que j'avais fait une inclination de tête à son voisin.

Évidemment, cette interprétation de la phrase : *Merci*

de votre salut (*et Dieu sait si on l'a exploitée!*), est encore le résultat d'une idée préconçue, faussant le jugement, et faisant voir comme réel ce qui n'existe que dans l'imagination des accusateurs.

Autant vaudrait considérer comme signalement réel, et le portrait *à barbe ardente*, indiqué dans la lettre du 17 février, et l'indication *d'un beau-frère de l'auteur qui pourrait le remplacer* (lettre du 22 janvier).

M. Chauchard m'ayant déclaré par sa lettre du 27 janvier, que la cause du refroidissement n'avait rien de blessant pour moi, et ne portait pas atteinte à mon honneur, mes accusateurs feignent de ne pas comprendre que j'aie poussé les choses plus loin ; ils voient là une présomption contre moi.

Remarquons d'abord que ma conduite prouve bien plutôt le contraire de ce qu'ils disent. Encore une fois, si j'eusse été l'auteur des lettres, j'aurais dû, il me semble, éviter de provoquer de nouvelles explications.

Après la lettre de M. Chauchard, et après la phrase équivoque citée plus haut, j'avais presque complétement abandonné l'idée qu'on pût m'accuser d'avoir écrit les lettres anonymes ; seulement, comme cette lettre laissait planer sur moi une vague accusation d'une autre nature, je tenais à la démentir, *il m'était très-désagréable qu'on pût supposer que j'avais fait la cour à madame Chauchard.* D'ailleurs, je fus décidé à demander de nouvelles explications par ce fait imprévu que madame Aubry, au bal du 31 janvier, chez M. Camescasse, engagea avec madame Chauchard une *polémique qui m'entraînait en avant.*

En somme, quand j'acceptai (sans trop réfléchir) une

explication devant MM. Camescasse, Lefebvre, Magin et de Place, voici qu'elle était la situation :

1° Je ne fus pas consulté sur le choix des témoins.

2° Je croyais pouvoir compter sur leur impartialité.

3° M. Chauchard m'ayant déclaré dans sa lettre du 27 janvier que la cause du refroidissement ne portait pas atteinte à mon honneur, je supposais que, mieux inspirés, mes accusateurs avaient reconnu leur erreur, et qu'il s'agissait d'autre chose.

4° Depuis plusieurs jours les témoins avaient écouté mes accusateurs; ils étaient préparés, travaillés, prévenus contre moi, induits en erreur; on s'était promis le secret, j'étais le seul qui ne fût pas dans la confidence.

On dirait qu'on a voulu me surprendre, m'étourdir, pour m'ôter mes moyens de défense.

Quand on me vit sous le coup de l'émotion qui s'empara de moi, nul ne chercha à me relever par une parole amie, par un visage sympathique ; était-ce là l'explication loyale sur laquelle j'avais le droit de compter !

Il fallait répondre séance tenante, sans avoir eu le temps de lire les lettres, sous le coup de l'anéantissement moral auquel je n'avais pu me soustraire.

Non, ce n'était pas là une explication loyale. MM. Camescasse, Lefebvre et Magin ont été frappés (voir leur déposition), de la pauvreté de mes moyens de défense.... Ce n'est pas pauvreté, c'est nullité qu'ils auraient dû dire.

Et, c'est justement pour cela, parce qu'ils voyaient que je n'étais pas en état de me défendre, qu'en apportant leur opinion hâtive et non motivée dans cette affaire, ils peuvent se demander s'ils ont agi avec logique et comme on aurait dû

l'attendre d'hommes investis des positions élevées qu'ils oc‾
cupent.

Ils ont regretté que l'accusation n'ait pas amené chez moi
un de ces mouvements que provoque l'innocence. (Voir leurs
dépositions.)

Je ne sais pas quel effet produit sur les autres une accusation injuste ; quant à moi, j'ai été si anéanti, que je n'ai
pas su maintenir mon émotion.

Le lendemain, j'eus l'idée de voir les lettres anonymes et
de demander à me justifier. On a vu que je renonçai ensuite
à cette mesure avant de connaître le consentement de
ces messieurs.

Si au moment de la réunion, la veille, on eût suspendu
toute décision; si, loyalement, amicalement, on m'eût dit :
Voyez les lettres, prenez votre temps; j'aurais alors fourni
les éclaircissements. Mais on semblait avoir hâte d'en finir.
Au lieu de rencontrer des témoins, j'avais rencontré des
juges, on s'était érigé en tribunal, en arbitres. . . . et le sur-
lendemain, je pris donc le parti du dédain que m'inspira
la lettre que j'ai rapportée.

Les renseignements obtenus depuis le procès permet-
tent d'envisager autrement la question, et je me bornerai en finissant à rappeler les faits suivants, que j'ai déjà
développés devant MM. les membres du comité.

Je ne m'explique pas la rigueur qui me frappe après
l'acquittement du tribunal, ni la partie civile, ni le procureur impérial, ni le procureur général de la Cour de Rennes
n'ayant trouvé motif de rappel.

1° Ce que l'on a appelé les preuves morales de ma culpabilité, tant qu'elles n'ont pas été détruites (et le mémoire

ci-joint les détruit), pouvaient, à la rigueur, tromper les personnes qui, à Rennes, s'érigèrent en arbitres, parce qu'elles ne voyaient qu'un côté de la question, le côté Chauchard. Mais, pour juger sainement, il faut bien tenir compte du côté Mansecale.

La lettre reçue le 1er juin par M. Mansecale, pendant que j'étais loin de Rennes, prouve à elle seule que j'ai été victime de l'erreur.

2º La famille Mansecale et plusieurs de ses amis sont prêts à déposer de faits qui établissent jusqu'à l'évidence quel est l'auteur véritable des lettres. Qu'on commette donc un magistrat pour recueillir les renseignements.

3ª Une lettre écrite contre un professeur du lycée de Rennes, en 1865, servirait probablement à la manifestation de la vérité.

4º Des événements graves ont lieu dans ce moment à Rennes (30 novembre). Une accusation de vol est dirigée contre l'auteur présumé des lettres.

On m'a reproché un soufflet donné en 1845. Je crois avoir établi que je n'ai pas eu complétement tort; et puis cela prouve une chose : *c'est que lorsque j'ai des motifs d'irritation contre quelqu'un*, ce n'est pas l'arme méprisable des lettres anonymes que j'emploie. Enfin quand, en 1860, je fus nommé professeur titulaire, on connaissait parfaitement cet antécédent.

J'en dirai autant de la mésintelligence qui régnait entre M. Duval et moi. (Lettre des étudiants, en 1847.)

On avait aussi apprécié la nature de mes rapports avec M. Guyot, qui, directeur de l'école en 1848, avait commis à mon égard un tel abus d'autorité que, n'ayant pu obtenir justice du recteur, je dus en appeler au ministre. — Pourquoi donc ces antécédents, qui, certainement, lors de ma nomination, me furent vivement opposés par mes ennemis, et qui cependant ne l'empêchèrent pas, deviendraient-ils aujourd'hui une cause de révocation?

J'ai l'honneur d'être,

Messieurs,

Votre très-humble et très-respectueux serviteur.

J. AUBRY,

Docteur—Médecin.

Typ Seringe Frères, place du Caire, 2.